잉아의 순우리말 그림 사전

일러두기
1 순우리말 단어의 뜻, 발음 정보, 품사, 관련 어휘는 국립국어원
   표준국어대사전을 기본으로 하였습니다. 누구든 순우리말을
   정확히 알 수 있도록 순우리말을 수집·정리·보급해 준
   국립국어원에 감사를 전합니다.

2 같은 말은 표제어와 의미의 차이가 없는 말을, 비슷한말은
   표제어와 뜻이 동일하진 않지만 유사한 말을, 준말은 표제어를
   줄여 사용하는 말을, 반대말은 표제어와 뜻이 정반대인 말로 서로
   공통되는 의미 요소가 있으면서 동시에 서로 다른 한 개의
   의미 요소가 있는 말을 의미합니다.

[잉아의 수누리말 그:림 사:전]
이인아 글 · 그림

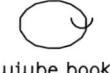
jujube books

잉아 이인아

엄마가 매번 갈아 주신 벽지에 그림을 그리며 자랐습니다. 그림이라는 언어로 나누는 대화가 즐거워 아직도 계속 그리고 있습니다. 이응 3개가 꽉꽉 들어가서 발음이 귀여운 '잉아•'를 예명으로 사용하고 있습니다. 『그곳에 한 아이가 있었다』(어린이작가정신, 2015), 『카메라와 워커』(창비, 2024), 『나의 낯선 가족』(창비, 2024), 『2024 봄 제3회 우리나라 좋은동화』(열림원어린이, 2024) 등에 그림을 그렸습니다. 주변을 향한 관심을 모아 만든 『잉아의 순우리말 그림 사전』은 글을 쓰고 그림을 그린 첫 책입니다. @in_a_lee

• 잉아[잉아]: 「명사」베틀의 날실을 한 칸씩 걸러서 끌어 올리도록 맨 굵은 실. 늑잉앗실, 종사

들어가며

시작은 우연히 접한 순우리말 퀴즈였습니다.
익숙한 듯 생소한 순우리말 퀴즈에서 저는
10문제 중 겨우 2개만 맞혔습니다. 내심
자신만만하던 제게 2점은 꽤 충격적인
결과였기에 한동안 여러 순우리말의 의미를
찾아보았어요. 하지만 낯선 단어에 호기심을
느끼는 것은 잠시이고, 금세 기억 속에서
휘발되어 버리곤 했습니다. 그래서 사람도,
영어 단어도 심지어 길도 이미지로 외우는
그림형 인간인 저는 친하게 지내고 싶은
순우리말을 골라 그 뜻을 재밌는 모양으로
빚어 기억해 보자 다짐했습니다. 그렇게 42개의
순우리말이 모였습니다.
혼자만의 소소한 프로젝트로 시작한 순우리말
그림들을 책으로 엮게 되어 대단히 기쁘면서도
전공자도 아닌 제가 순우리말과 관련된 책을

내도 될지 걱정도 많았습니다. 하지만 저처럼 순우리말을 잘 알지 못하지만, 작은 씨앗 같은 관심을 가진 분들이 계실 거라고 생각해요. 이제 막 한국어를 배운 사람이 더 좋은 선생님이 될 수 있듯, 소소한 호기심으로 시작된 저의 그림이 독자분들께 더 친근하게 다가갈 수 있을 거라 생각합니다. 순우리말은 아주 긴 시간 동안 생명력을 이어 온 큰 나무 같아요. 이 책이 순우리말이라는 커다란 나무로 향하는 작은 디딤돌이 되길 바랍니다.

우~음

가랑머리

가랑머리

[가랑머리]

두 가랑이로 갈라땋아 늘인 머리.

같은 말

갈래머리

품사

명사

긴 머리를 두 가랑이로 갈라 오른쪽 왼쪽으로
번갈아 땋으면 가랑머리가 됩니다. 머리가 아주
긴 친구를 위해 가랑머리를 해 준 적이 있어요.
그날 친구의 나들잇벌●엔 가랑머리가 무척
어울렸지만 친구의 숱 많고 긴 머리를 땋는
건 쉽지 않았습니다. 하염없이 머리를 땋다
이런 생각이 들었어요. '내가 지금 머리를 땋는
건지, 로프 운동을 하는 건지 모르겠다.'라고요.
하지만 그렇게 생각하니 의욕이 생겼습니다.
친구의 가랑머리를 만드는데, 자연스럽게
운동도 되는 느낌이었으니까요. 그날 가랑머리를
해 주는 시간은 친구도 좋고 저도 좋은 알찬
시간이었습니다.

활용 예문: 내 머리카락은 가랑머리로 땋기에는 너무 짧아.
● 나들잇벌: 32쪽 참고.

가멸다

가멸다

[가ː멸다]

재산이나 자원 따위가 넉넉하고 많다.

품사

형용사

필요할 때마다 땅으로 내려와 적당히 먹이를
먹고, 둥지에서 편히 휴식을 취하는 새의
모습을 자주 봅니다. 먹이를 잡을 필요가
없어지면 다른 새들에게 그 기회를 양보하고
또 내일이면 자신도 그 기회를 양보받습니다.
둥지가 감당할 만큼의 먹이만을 저장하는
모습에서 진정 가멸게 살아가는 이의
여유로움이 느껴집니다. 모든 것을 내 것인
것처럼 괇하게● 쌓기만 하다가 어느 곳으로도
자유로이 움직일 수 없게 된 욕심과는 격이
다른 넉넉함이네요.

활용 예문: 도토리 곳간이 가멸 것을 보니,
           다람쥐가 이번 가을을 부지런히 보냈나 봐.
● 괇하다: 24쪽 참고.

간지피다

간지피다

[간지피다]

가지런히 펴서 정리하다.

품사
동사

22

간지피고 싶은 게 있나요? 새 계절에 맞는
옷을 간지피거나, 세월의 흔적이 묻은 낯살*을
간지피고 싶진 않나요? 저는 오늘 뭉쳐 있던
뼈와 근육을 간지피는 운동을 했습니다. 운동
선생님이 이 정도로는 죽지 않는다며 근육을
이리저리 열심히 간지펴 주셨는데요. 그 덕분에
조금씩 건강한 삶에 가까워지고 있는 것 같아요.

활용 예문: 아침에 아무리 정신이 없어도 이불은 간지피고
나오는 습관을 들이거라.
*낯살: 40쪽 참고.

꺆하다

꽉하다

[꽉카다]

1 공간 따위가 꽉 차서 더 들어갈 수 없다.
2 음식을 더 먹을 수 없을 만큼 배가 부르다.

품사
형용사

꽝! 틈 없이 꽉 찬 상태에서 무언가 눌려서
나는 소리 같지 않나요? 무엇이든 꽝한 상태를
좋아하는 저는 물건도 많이 모으고 음식도
배부를 때까지 먹는 편인데요. 쾌적한 집과
건강한 몸을 위해 꽝한 생활과 조금 거리를
둬야겠어요!

활용 예문: "잔칫집에 갈 때 가장 필요한 게 뭘까?"
"꽝해질 준비가 된 위장이지."

꽃등

꽃등

[꼳뜽]

맨 처음.

비슷한말
초꼬슴

품사
명사

30

철새들은 먼 길을 이동할 때 V자로 대형을
이루어 번갈아 가면서 꽃등의 자리를
교대한다고 해요. 꽃등에 선 새가 만드는
기류는 뒤따르는 새들의 에너지를 최소화하고,
장거리 이동에서 오는 위험을 줄인다고 합니다.
과연 지혜가 돋보입니다.
맨 앞에 선 꽃등은 가장 빛나기도 하면서
동시에 가장 지치기도 하는 위치인데요. 우리네
세상도 자신만을 생각하는 꽃등이 아닌,
모두를 위해 앞에 나서는 꽃등이 더 많아지면
좋겠습니다.

활용 예문: 늘 2등이던 선수가 막판에 극적으로 추월해
꽃등으로 결승선에 들어왔어.

나들잇벌

나들잇벌

[나드리뻘/나드릳뻘]

나들이할 때 착용하는 옷이나
신발 따위를 통틀어 이르는 말.

같은 말
난벌

품사
명사

길을 걷다 보면 오늘의 기분을 옷과 소품으로
표현한 사람들을 만날 수 있어 재밌습니다.
꼭 화려하지 않더라도 자신에게 잘 맞는
나들잇벌로 꾸민 사람을 볼 때면 참 편안한
마음도 들고요. 멋지고, 아름답고, 파격적이고,
편안한 매력의 나들잇벌을 뽐내는 사람들!

활용 예문: 오늘도 나는 나들잇벌을 고르는 데
　　　　　두 시간이나 걸려서 친구들과의 약속에 늦었다.

나볏하다

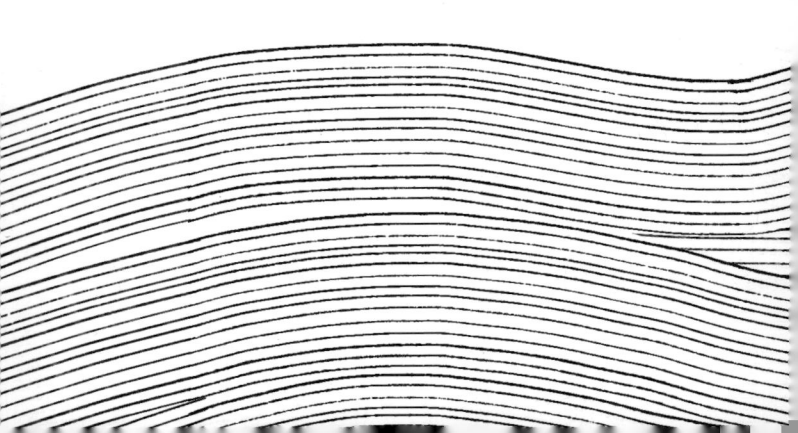

나볏하다

[나벼타다]

몸가짐이나 행동이 반듯하고 의젓하다.

품사
형용사

주변에 나볏한 존재가 있나요? 저는 얼마 전 길을 가다가 어느 집 막둥이 강아지의 나볏한 자태를 보고 이 말의 의미를 온전히 이해했던 기억이 납니다. 그 나볏한 모습을 보고 있으니 저부터가 든든한 기분이 들더라고요. 어이 털복숭이! 꽤 나볏한걸!

활용 예문: 어릴 땐 나볏하다는 말이 참 좋았는데,
요즘은 안 나볏하게 살고 싶기도 해.

낯살

[낟쌀]

얼굴의 주름살.

품사
명사

어느 날 부모님을 바라보다 깊어진 낯살에
마음이 쿵 주저앉은 적이 있습니다. 처음엔
놀란 마음이었지만, 자세히 바라보니 그 모습이
참 아름답게 보였습니다. 세월의 흐름이
새겨진 낯살은 마치 한 사람이 부단히 경작한
삶의 밭두렁이 아닐까 싶어요. 매끄러운 땅을
가로지르는 그 길을 통해 수확의 기쁨을 만날
수 있으니까요. 저에게도 생길 깊은 낯살의
모습이 기대됩니다. 한 두렁 한 두렁 생겨나는
낯살을 반길 준비 완료!

활용 예문: 너는 웃을 때 생기는 낯살이 참 예술이야.

너울가지

너울가지

[너울가지]

남과 잘 사귀는 솜씨.
붙임성이나 포용성 따위를 이른다.

품사
명사

누구와든 편하게 친해질 수 있는 능력을 가진
사람들이 있죠. 그 능력이 바로 너울가지인데요.
소극적인 저에겐 너울가지 있는 친구들이 아주
소중하답니다. 낯을 많이 가리는 편이라 먼저
친숙하게 다가와 주는 친구들이 늘 고마워요.
포용력 있는 너울가지로 많은 이들을 연결해
주는 친구들은 꼭 뻗어 나가는 애채*같달까요.
모두가 편하게 쉴 수 있는 공간을 만들어 주는
너울가지의 친구들, 항상 고마워!

활용 예문: 너울가지가 있는 내 친구는 온 동네 사람도 모자라서
까칠한 길고양이와도 금세 친해졌어!
*애채: 110쪽 참고.

다붓다붓

[다붇따붇]

여럿이 다 매우 가깝게 붙어 있는 모양.

품사
부사

어느 여름날, 갑작스럽게 쏟아지는 소나기를
피하기 위해 나무 밑에 다붓다붓 모여 있는
학생들을 만났어요. 아담한 나무 밑에 모여
깔깔 웃으며 비가 지나기를 기다리는
그 장면이 얼마나 사랑스럽던지요. 요즘 저는
친구를 만나도 학창 시절처럼 다붓다붓 모여
있기보다는 적당한 거리를 두고 서로의 일상을
공유하며 지내는 것 같아요. 그래서인지 어린
시절 더위도 모른 채 친구들과 다붓다붓
함께했던 시절이 그리워집니다.

활용 예문: 어미 새가 가까이 다가오자 아기 새들이 한껏
입을 벌린 채로 다붓다붓 모인다.

두루빛

두루빛

[두루빋]

어떤 모임이나 단체에서
총무의 일을 맡아보는 사람.

품사
명사

"오늘 우리의 꺌했던● 식사 정산합니다.
제게 송금해 주세요!"
배도 마음도 든든한 모임은 늘 깔끔한 정산을
해 주는 두루빛의 메시지로 마무리됩니다.
오늘은 정산한 돈을 보내며 항상 수고스러운
일을 도맡아 해 주는 두루빛에게 고마운 마음을
전해야겠어요. 덕분에 우리의 모임이 굳건하게
지탱되고 있다고요. 끝없는 영수증에도 언제나
빛나는 두루빛의 자태, 최고야!

활용 예문: 두루빛 노릇이 쉬운 게 아니야.
모임비 정산을 하는 건지,
빚쟁이가 되어서 독촉을 하는 건지 가끔 헷갈려.
●**꺌하다:** 24쪽 참고.

55

둥치

둥치

[둥치]

큰 나무의 밑동.

비슷한말
나무둥치

품사
명사

낯선 마을을 걷다 꽤 넓은 둘레의 둥치를 본
적이 있어요. 줄기가 잘려 둥치만 남았지만
그 모습만으로도 얼마나 멋진 나무가 있었을지
상상할 수 있었어요. 아마도 세월이 만든
묵직한 힘이겠지요. 둥치를 보고 있으니 저도
저만의 나이테를 성실히 그려 나가 저의 삶을
안정적으로 받쳐 주는 둥치를 지니고 싶다는
생각이 들었습니다. 그리고 훗날 제가 만든
널찍한 둥치에 다정한 친구들이 놀러와 편히
쉬어 간다면 더욱더 좋겠네요.

활용 예문: 이 둥치에는 다양한 버섯들이 자라고 있어!

드습다

[드습따]

알맞게 프뜻하다.

품사
형용사

추운 겨울이 되면 버스를 기다릴 때 정류장 의자에 앉아 몸을 녹이곤 합니다. 의자의 드스운 열기가 온몸을 따뜻하게 해 주기 때문이죠. 우리의 이웃 길고양이에게도 소문이 퍼졌는지 종종 고양이가 의자 한편을 차지하고 있는데요. 그 모습이 무척이나 귀엽습니다. 길고양이들의 따뜻하고 노릇노릇한 식빵을 지킬 수만 있다면 아무렴 양보해야죠.
저는 서 있겠습니다, 고양이님. 몸을 드습게 녹이시지요.

활용 예문: 네가 내 호주머니에 슬며시 넣어 준 군밤이 드스워서 종일 행복했어.

뚝별씨

뚝별씨

[뚝뼐씨]

걸핏하면 불뚝불뚝 성을 잘 내는 성질.
또는 그런 사람.

품사
명사

불뚝불뚝 성을 잘 내는 뚝별씨 곁에는
그 성질을 받아 주는 너그러운 친구가
있더라고요. 뚝별씨가 내뿜는 뜨거운 열기에
고구마를 주섬주섬 꺼내 구워서 먹을 정도로
긍정적인 친구의 모습이 어쩐지 조금 짠합니다.
고구마는 맛있지만 계속 먹다 보면 목이
막히고 답답해져요. 시원한 사이다를 누군가
건네주면 좋을 것 같은데 말이지요! 고구마 좀
그만 먹게 해 줘, 뚝별씨!

활용 예문: 너의 그 뚝별씨를 자제하지 않는다면
　　　　　네 곁에 남아 있는 사람은 한 명도 없을 거야.

띠앗

띠앗

[띠앋]

형제나 자매 사이의 우애심.

품사
명사

외동인 저는 늘 형제자매가 있는 친구들이
부러웠어요. 친구들은 외동이 훨씬 좋다고
자신의 혈육을 나무라지만, 저는 그 역시도
좋아 보였습니다. 아무리 자신의 혈육에 대해
혀를 차며 이야기를 해도 결국은 그들만이
공유하는 따뜻한 무언가가 있더라고요.
띠앗이라는 단어를 알고 나서, 제가 막연하게
부러워하던 것이 바로 그 우애심, 띠앗이었다는
걸 깨달았습니다. 띠앗이라는 단어, 어감마저
정말 사랑스럽지 않나요?

활용 예문: 언니가 사귀는 사람을 소개해 줬는데,
띠앗 때문이 아니라 객관적으로 봐도
우리 언니가 더 좋은 사람이라 느껴졌어.

머드려기

머드러기

[머드러기]

1 여럿 가운데서 가장 좋은 물건이나 사람을
비유적으로 이르는 말.

2 과일이나 채소, 생선 따위의 많은 것 가운데
다른 것들에 비해 굵거나 큰 것.

품사

명사

학교에는 친구들이 유난히 좋아하는
머드러기 친구가 꼭 한 명은 있었지요.
조용한데 한두 마디 던지는 농담이 어쩜 그리
웃기고 유쾌한지! 마음이 어지러운 친구에게
위로를 건네는 따스함도 가지고 있고요.
머드러기 주위에는 친구들이 많아 와글와글,
다붓다붓*하답니다. 저도 누군가에게
머드러기로 기억되었으면 좋겠네요.

활용 예문: 꽤 많은 붓을 써 봤는데, 이 제품만큼의
　　　　　머드러기 붓은 정말 오랜만이야.
*다붓다붓: 48쪽 참고.

헉~으

벗트다

벗트다

[벋ː트다]

서로 쓰던 경어를 그만두고 스스럼없이
터놓고 지내기 시작하다.

품사
동사

80

학교 다니던 시절을 떠올려 보면, 벚꽃 필 즈음은 되어야 친구들과 벗트고 지내게 되었던 것 같아요. 너울가지●가 있는 친구는 빠르게 다른 친구들과 가까워졌지만, 소극적인 저는 그렇지 못했거든요. 마치 싹이 난 후 꽃이 필 때까지 시간이 걸리듯, 저에겐 새 학기 새 교실과의 서먹한 첫 만남을 지나 조금씩 서로를 알아 가며 익숙해질 시간이 필요했던 거죠. 조금 느렸지만 천천히 마음을 열고 친해진 친구들과 여전히 벗트며 지내고 있어요. 친구가 되는 데엔 속도가 중요하진 않으니까요!

활용 예문: 우리 독서 모임도 진행한 지 꽤 오래 지났는데 이제 벗트는 게 어때요? 내가 먼저 할까?
● 너울가지: 44쪽 참고.

별뉘

볕 뉘

[변뉘]

1 작은 틈을 통하여 잠시 비치는 햇볕.
2 그늘진 곳에 미치는 조그마한 햇볕의 기운.
3 다른 사람으로부터 받는 보살핌이나 보호.

품사
명사

어떤 날은 온몸 가득 내리쬐는 환한 빛보다
틈새로 조그맣게 들어오는 햇볕, 즉 볕뉘가 더
따뜻하게 느껴질 때가 있어요. 커다란 환호보다
소소한 안부가 더 따뜻하게 느껴지듯이요.
볕뉘의 또 다른 뜻인 '다른 사람으로부터 받는
보살핌이나 보호'는 조그마한 햇볕처럼 조심스레
건네는 손길을 의미하는 것만 같은데요.
그늘 사이로 들어오는 작은 볕뉘가 차가운
공간을 서서히 데우듯, 여러분 마음속 힘겨움도
주변의 볕뉘가 드숩게• 위로해 주길 바랍니다.

활용 예문: 나뭇잎 사이로 비친 볕뉘 때문에 네 눈동자가
        더욱 투명하게 보여.
• 드숩다: 60쪽 참고.

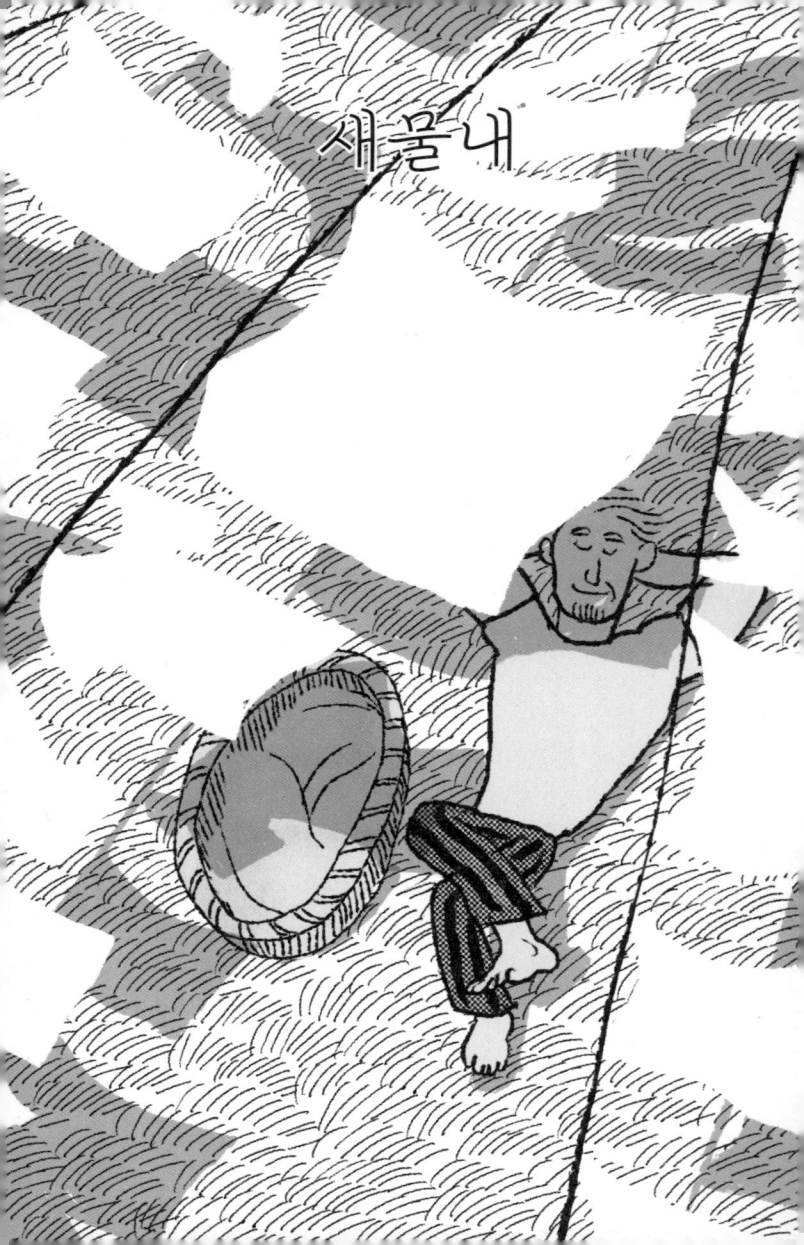

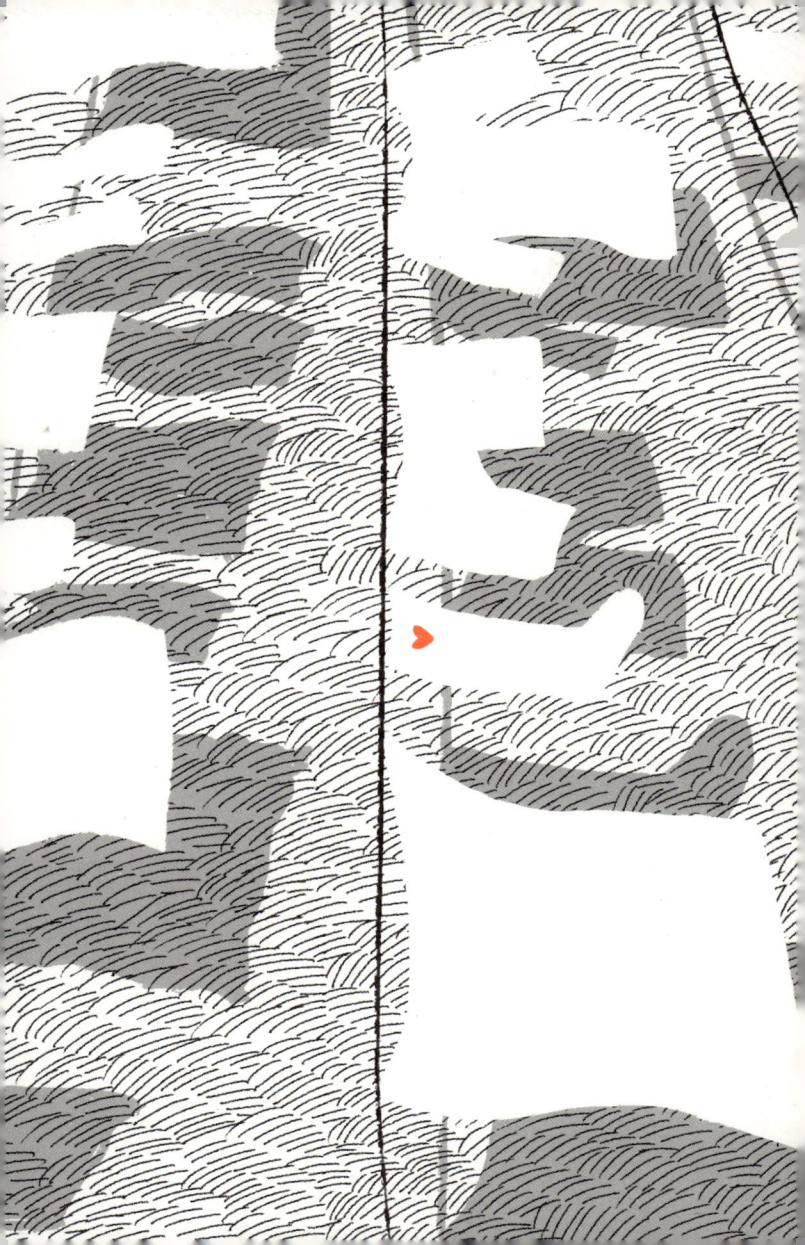

새물내

[새물래]

빨래하여 이제 막 입은 옷에서 나는 냄새.

품사
명사

일상 속에서 만나는 냄새 중, 어떤 냄새를 가장 좋아하세요? 저는 빨래 후 나는 새물내를 좋아하는데요. 그중에서도 제가 가장 애정하는 새물내는 여름의 뜨거운 열기에 튀겨지다시피 한 바삭한 햇볕의 냄새예요. 킁킁 코를 갖다 대야만 느낄 수 있는 냄새인데요. 햇볕을 가득 품은 새물내의 옷을 입을 때면 해의 기운을 두른 기분에 휩싸입니다. 여러분도 이 그림에서 원하는 새물내를 느껴 보시면 좋겠네요.

활용 예문: 꽃 새물내가 나는 옷을 입으면 내가 마치
　　　　　달콤한 꽃나무가 된 것 같아.

속굿

속긋

[속ː끋]

글씨나 그림 따위를 처음 배우는 이에게,
그 위에 덮어 쓰거나 그리며 익히도록,
가늘고 흐리게 그어 주는 선이나 획.

품사

명사

한글을 처음 배우는 사람에게 가장 좋은
선생님은 이제 막 따끈따끈하게 한글을 뗀
어린 친구들이 아닐까요? 처음 한글을 만났을
때의 어려움, 유독 헷갈리는 단어 등을
누구보다 잘 기억하고 있으니까요. 한 획 한 획
속긋을 미리 그어 주며 학생을 공감해 줄
사랑스러운 한글 선생님에게 저도 우리말을
다시 배워 보고 싶네요!

활용 예문: 외국어를 처음 쓸 땐, 아무리 속긋이 있어도
글자를 쓴다기보다 따라 그리는 것에 가까워.

송아리

송아리

[송아리]

¹ 꽃이나 열매 따위가 잘게 모여 달려 있는 덩어리.

² (수량을 나타내는 말 뒤에 쓰여) 꽃이나 열매 따위가 잘게 모여 달려 있는 덩어리를 세는 단위.

비슷한말

송이

품사

명사

꽃을 바라보고 있으니, 그 옆에 벌도 함께
눈에 들어옵니다. 꽃은 가만히 있는데, 벌들은
쉼 없이 움직이더라고요. 열심히 일 하는 벌을
바라보다 문득 이런 생각이 들었어요. '이 벌들은
지금 몇 송아리째 꿀을 따고 있는 걸까?'
찾아보니 벌 한 마리가 하루에 채취하는
꿀의 양은 30mg 정도 된다고 해요. 인간의
기준에서는 적은 양이지만, 벌의 기준에서는
하루 종일 열심히 일해 얻은 자랑스러운 수확일
거예요. 하지만 최근 기후위기로 벌이 사라지고
있다고 해요. 수많은 송아리들을 누비며 성실히
꿀을 모아 가는 벌을 오래 보고 싶어요. 벌들아,
우리가 노력할게! 떠나지 말아 줘!

활용 예문: 포도 세 송아리만 씻어서 식탁에 올려놔 주겠니?

숨탄것

숨탄것

[숨ː탄걷]

숨을 받은 것이라는 뜻으로,
여러 가지 동물을 통틀어 이르는 말.

품사

명사

생명을 소중히 여겼던 조상들의 정신이 깃든 순우리말입니다. 언젠가 겨울날의 작은 뱁새가 추운 날씨 속에서 입김을 내뿜는 사진을 본 적이 있어요. 그 사진을 보니 우리 곁의 동물을 뜻하는 '숨탄것'의 뜻이 더 와닿았답니다. 가끔 동물을 숨이 있는 생명이 아니라 어떤 도구나 목적으로만 생각하는 사람을 만날 때가 있어요. 모든 숨탄것을 존중하지 않고 함부로 대하는 사람들에게 이 순우리말을 알려 주고 싶습니다. 당신도, 그리고 당신 앞의 생명도 모두 똑같은 숨탄것이라고요.

활용 예문: *숨탄것들이 뿜어내는 생명력이 가득한 이 숲에 있으니 경이롭구나!*

스스럽다

[스스럽따]

1 서로 사귀는 정분이 두텁지 않아 조심스럽다.
2 수줍고 부끄러운 느낌이 있다.

품사
형용사

산책을 하다 길가에 핀 코스모스에 한 마리의
벌이 가까워지다가 멀어지다가 하는 모습을
발견했어요. 그 모습이 꼭 다가가기 주저하는
수줍은 모습처럼 보였는데요. 마침 코스모스도
살짝 고개를 숙이고 있어 꼭 둘 사이가 아직은
어색한 첫 소개팅 자리 같아 보였답니다. 꽃과
벌의 스스러운 분위기가 어쩐지 사랑스럽네요.
둘이 잘 어울려!

활용 예문: 내 짝꿍과 처음 만났을 때는 둘 다 낯을 가려서
스스럽기 그지없었는데, 지금은 옴살●이나 다름없어.
●옴살: 118쪽 참고.

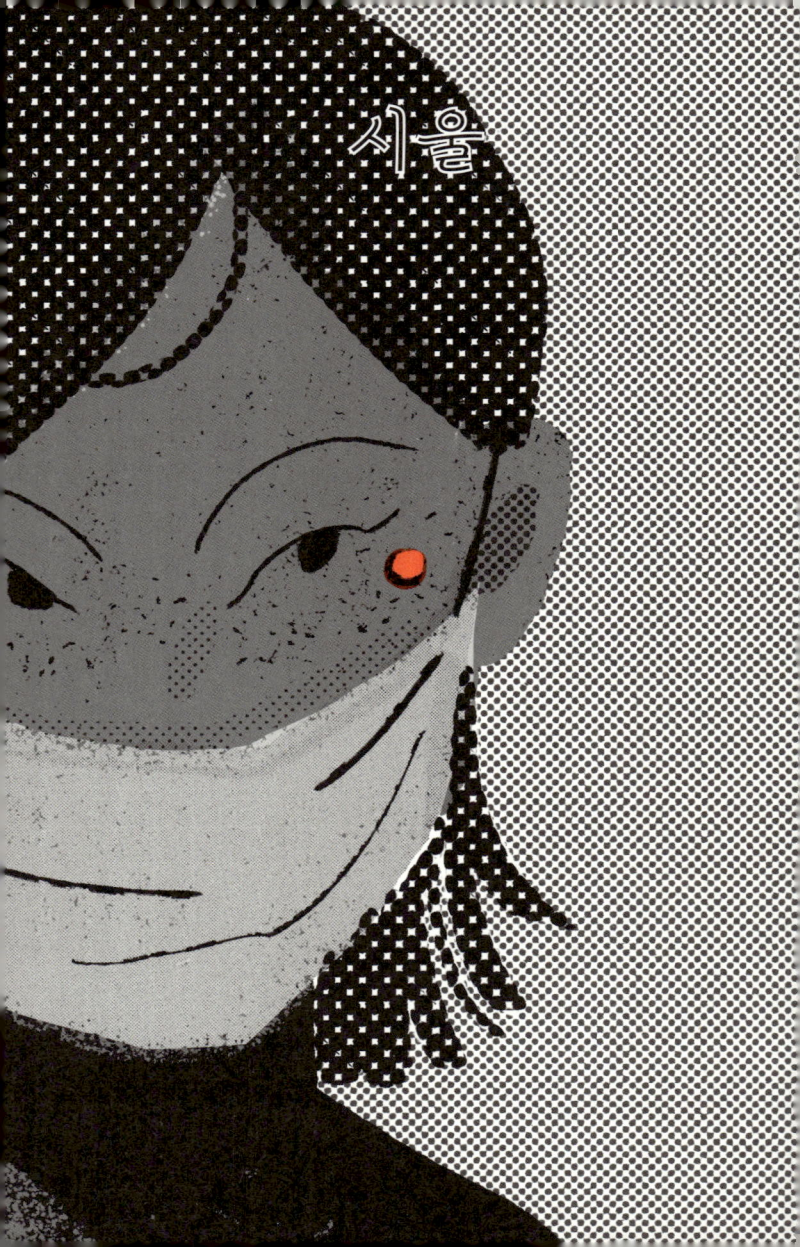

시울

[시울]

약간 굽거나 휜 부분의 가장자리.
흔히 눈이나 입의 언저리를 이를 때에 쓴다.

품사
명사

그림 속 두 피어싱의 공통점은 무엇일까요?
바로 둘 다 시울에 위치해 있다는 건데요.
생소할 수 있는 이 순우리말은 사실 아주 친숙한
단어랍니다. 눈을 더하면 눈물이 고인 위치를
표현할 때 많이 쓰는 단어인 '눈시울'이라는
단어가 되고요. 입을 더한 '입 시울'은 오늘날
'입술'이라는 단어가 되었다고 해요. 이렇게
생각하니 낯설지 않죠? 여러분은 그림 속 두
시울의 피어싱, 어느 쪽이 더 마음에 드시나요?

활용 예문: 외국에서 우연찮게 된장찌개를 먹었는데 돌아가신
엄마의 손맛이 느껴져서 갑자기 눈시울이 붉어졌다.

애채

애채

[애채]

나무에 새로 돋은 가지.

품사

명사

아직은 찬기가 남은 초봄. 누군가 고요한 공기를 깨웁니다. 올곧은 나무 줄기 한편에서 시원한 재채기와 함께 돋아난 애채네요. 뚫을 수 없을 것만 같은 두터운 껍질을 이겨내고 돋아난 애채를 보니 못 할 것이 없게 느껴집니다. 이 작은 애채는 기개 있게 세상 밖에 나왔으니, 이제 더 길고 멋진 가지로 쭉쭉 자라나겠죠? 어려운 첫 시작을 마친 애채의 모습이 참 기특하네요.

활용 예문: 무화과나무에 얼마 전까지만 해도 없었던 작은 애채가 나타났어!

올되다

[올ː되다/올ː뒈다]

1 열매나 곡식 따위가 제철보다 일찍 익다.
2 나이에 비하여 발육이 빠르거나 철이 빨리 들다.

같은 말

일되다

준말

오되다

품사

동사

주변 환경 때문에 일찍 철드는 어린 친구들이
있지요. 앳된 얼굴에 비해 나볏한* 마음을 지닌
모습을 보면 어쩐지 꼬옥 안아 주고 싶어져요.
그럴 필요 없다고, 어른스럽지 않아도 된다고
말하면서요. 하지만 올된 마음은 또 그렇게
쉽게 사라지지 않나 봅니다. 힘든 상황에서도
자신을 돌봐 주는 농부를 위해 또래보다 열심히
커 머드러기*가 된 어린나무를 좀 보세요.
그 마음이 고맙고도 미안해 다가온 농부를
씩씩하게 쓰다듬어 주고 있네요.
하지만, 어린나무야! 어린 모습이어도 괜찮아!

활용 예문: 나는 빨리 독립해야겠다는 목표가 있어서
어렸을 때부터 올되어 보이려 했던 거 같아.
* **나볏하다**: 36쪽 참고.
* **머드러기**: 72쪽 참고.

옴살

옴살

[옴ː살]

매우 친밀하고 가까운 사이.

품사
명사

저는 의자에 오래 앉아 있다 보니 몸이 쉽게
뻣뻣해지는데요. 그래서 요즘 저의 옴살은
스트레칭을 위한 폼롤러입니다. 자주 곁에 붙어
있으니 이렇게 시원할 수가 없네요. 누군가에겐
옴살이 사람이 아니라 무형의 존재이거나
능력일 수도 있겠다는 생각이 들었어요.
구조대원에겐 구조견과의 사이가, 요리사에겐
불과의 관계가, 아기를 키우는 이들에겐 서로가
옴살일 수 있지 않을까요? 멋진 옴살들의
댄스를 즐겁게 감상해 주세요!

활용 예문: 아무리 우리가 옴살이라지만
너의 코골이 소리만큼은 견딜 수 없어.

옹긋옹긋

옹긋옹긋

[옹그둥귿]

키가 비슷한 사람이나 크기가 비슷한 사물들이
모여 솟아 있거나 볼가져 있는 모양.

품사
부사

어느 날 아파트 단지의 나무들이 고만고만하고
동글동글하게 다듬어졌습니다. 바로 아파트
단지의 예술가, 한 경비원님의 작품인데요.
예술가의 손길이 닿은 나무들은 옹긋옹긋하게
정갈한 모습을 뽐내고 있네요. 이 순우리말은
그 생김새도 옹긋옹긋한데요. 그래서일까요?
옹긋옹긋이라는 단어를 땅에 심으면,
옹긋옹긋한 나무가 자라날 것만 같아요.

옹긋옹긋
그림 영상 보기

활용 예문: 저기 강당에 옹긋옹긋 모여 있는 졸업생들 중에
확연히 큰 애가 내 딸이야.

웃비

[욷삐]

아직 우기(雨氣)는 있으나
좍좍 내리다가 그친 비.

품사
명사

비가 내리면 엄마는 늘 다붓다붓* 모여 있던
화분들을 하나씩 꺼내어 밖에 내놓는답니다.
식물들에게 이보다 더 좋은 영양제가 없다며
말이죠. 그렇게 한바탕 내린 웃비에 시원하게
영양 보충을 한 식물들은 마치 샤워를 마친
듯 무척 상쾌해 보입니다.
엄마의 정성이 식물들에게도 가닿은 걸까요?
우리 집 식물들은 오늘도 튼튼하게
잘 자라고 있습니다.

활용 예문: 우산이 없으니 웃비가 걷힌 지금 얼른 이동하자!
*다붓다붓: 48쪽 참고.

으깍

[으깍]

서로 의견이 달라서 생기는 감정의 불화.

품사
명사

분명 작은 의견 대립이었는데, 어느새 서로의
감정까지 상하는 으각으로 치달아 버릴 때가
있어요. 얼마 전엔 민트초코를 좋아하는 사람과
싫어하는 사람의 으각을 보았는데요. 처음엔 그
맛있는 걸 왜 안 먹냐며 공감을 바라는 마음과,
왜 치약을 먹냐는 의아한 마음을 주고받는
가벼운 의견 차이였는데, 상대의 입장을
듣지 않고 자신의 의견만 말하다 보니 점차
목소리가 커지더군요. 그러더니 결국… 과거의
이야기까지 등장하며… 으각이 생겨 버린 거죠.
그 모습을 보며, 결국 으각을 만드는 것은 그
내용만이 아니라 의견을 전하고 듣는 태도가
아닐까 생각했답니다. 그나저나 여러분은
민트초코, 좋아하시나요?

활용 예문: 하나부터 열까지 다 다른 우리가
으각이 나는 건 당연한 결과였다.

으밀아밀

[으미라밀]

비밀히 이야기하는 모양.

품사

부사

모두가 태양을 바라볼 것만 같은 해바라기
밭에서 태양이 아닌 서로를 향해 고개를
숙인 해바라기들을 보았어요. 그 모습은 꼭
서로만 아는 비밀을 으밀아밀하게 나누는
모습처럼 보였는데요. 아무도 모르게, 은밀히
비밀을 주고받은 두 해바라기. 과연 비밀은
지켜질까요?

활용 예문: 너희 둘, 어제 수업 시간에 으밀아밀 귓속말로
무슨 이야기를 한 거야?

은짬

[은짬]

이야기의 여러 부분 가운데 은밀한 대목.

품사
명사

누군가 이야기를 할 때, 갑자기 목소리가
줄어든다면 그 부분이 바로 은쫌일 거예요.
가장 중요한 부분을 이야기할 때 목소리를
줄이면 오히려 더 집중이 되고 효과가
극대화되니까요. 그림 속에서도 으밀아밀*하게
나누는 이야기가 은쫌을 향해 나아가고
있는데요. 작아진 목소리에 함께 이야기를 듣고
있던 물건들도 귀를 쫑긋 세웁니다. "그래서,
이제 어떻게 돼? 빨리 말해 줘!"

활용 예문: 이야기가 은쫌에 이르자 모두들 숨소리 하나 없이
집중하기 시작했다.
* 으밀아밀: 134쪽 참고.

흐~흥

잘젊다

잗젊다

[잗쩜따]

나이보다 젊어 보이다.

품사
형용사

오랫동안 바라 온 저의 꿈은 바로 '근육 할머니'인데요. 보행기에 케틀벨과 아령을 넣어 다니는 근육 할머니의 잗젊은 모습을 상상하니 오늘도 힘겨운 운동을 견딜 수 있을 것 같아요. 잗젊은 할머니를 향해 나아가는 거야!

활용 예문: 제가 또래보다 잗젊은 이유는 철이 들지 않아서인 것 같아요.

짜긋하다

[짜그타다]

동사 1 눈 따위를 살짝 짜그리다.
동사 2 남의 옷자락을 살며시 잡아당기다.

형용사 한쪽 눈이 약간 짜그러진 듯하다.

품사
동사, 형용사

몰래 비밀 신호를 줄 때, 한쪽 눈을 짜긋하는 행동을 하곤 합니다. 그렇다면 이 그림에서 아버지의 소중한 도자기를 깬 범인은 과연 누구일까요? 소년의 옷을 짜긋하고 있는 강아지일까요? 아니면 공을 쥐고 우리에게 열심히 짜긋하는 소년일까요?

활용 예문: 아까 선생님이 너에게 오늘 숙제 없냐고 물어봤을 때
　　　　　내가 짜긋하면서 신호를 보냈는데, 넌 못 알아채더라고.

치사랑

[치사랑]

손아랫사람이 손윗사람을 사랑함.
또는 그런 사랑.

반대말
내리사랑

품사
명사

시간에 바래 버린 엄마의 흰 머리카락을 찾다
문득 마음이 뭉클해집니다.
제 마음속 치사랑은 이렇게 예고도 없이
불쑥 튀어나오곤 합니다. 그리고 생각해요.
제 무릎 위에 머리를 눕힌 이 사람이 오래 제
곁에 함께하길 바란다고요. 지금껏 제가 받아
온 내리사랑에 비하면 작고 보잘것없겠지만,
앞으로의 날들엔 낯살•이 깊어진 엄마에게
치사랑을 더 많이 전하고 싶습니다.

활용 예문: 내가 엄마, 아빠에게 끝내주는
　　　　　치사랑을 줄 거니까 기대해.
•낯살: 40쪽 참고.

클클하다

[클클하다]

1 배 속이 좀 빈 듯하고 목이 텁텁하여 무엇을 시원하게 마시거나 먹고 싶은 생각이 있다.

2 마음이 시원스럽게 트이지 못하고 좀 답답하거나 궁금한 생각이 있다.

3 마음이 서글프다.

품사
형용사

지친 마음을 더욱 쓸쓸하게 만드는 건
빈속이지요. 그럴 때면 마음속 고민거리들이
마치 음식처럼 소화되어 사라지면 좋겠다는
생각을 해요. 물론 고민은 먹을 수도, 당장
소화될 수도 없지만요. 힘든 날엔 배를 먼저
채우는 마음으로 평소에 애정했던 음식을
드셔 보세요. 밤하늘 바라보며 별 하나에
한 숟갈, 한 숟갈 먹다 보면 어느새 마음의
배도 함께 든든해지지 않을까요? 아마 소화가
될 때쯤엔 희붐해진● 하늘에 곧 희망찬 해가
떠오를 거예요!

활용 예문: 아침밥을 거르고 출근했더니 벌써부터 클클하네.
●희붐하다: 176쪽 참고.

터앝

터앝

[터앋]

집의 울안에 있는 작은 밭.

품사
명사

창밖을 보면 다세대 주택의 초록빛 옥상들이
한눈에 보여요. 그곳에는 집주인 취향의
각양각색 터앝들이 개성 있게 자리 잡고 있지요.
이 집은 상추, 저 집은 방울토마토, 건넛집은
가지… 각 터앝의 머드러기* 채소들이 힘차게
자라는 모습이 아름답네요. 여름이 되면 더욱더
자신의 존재감을 뿜어내는 터앝들. 주인들은
오늘도 나와 터앝에 정성을 듬뿍 쏟아 냅니다.

활용 예문: 터앝에 심어 놓은 깻잎 몇 장 뜯어 가지고 오너라.
*머드러기: 72쪽 참고.

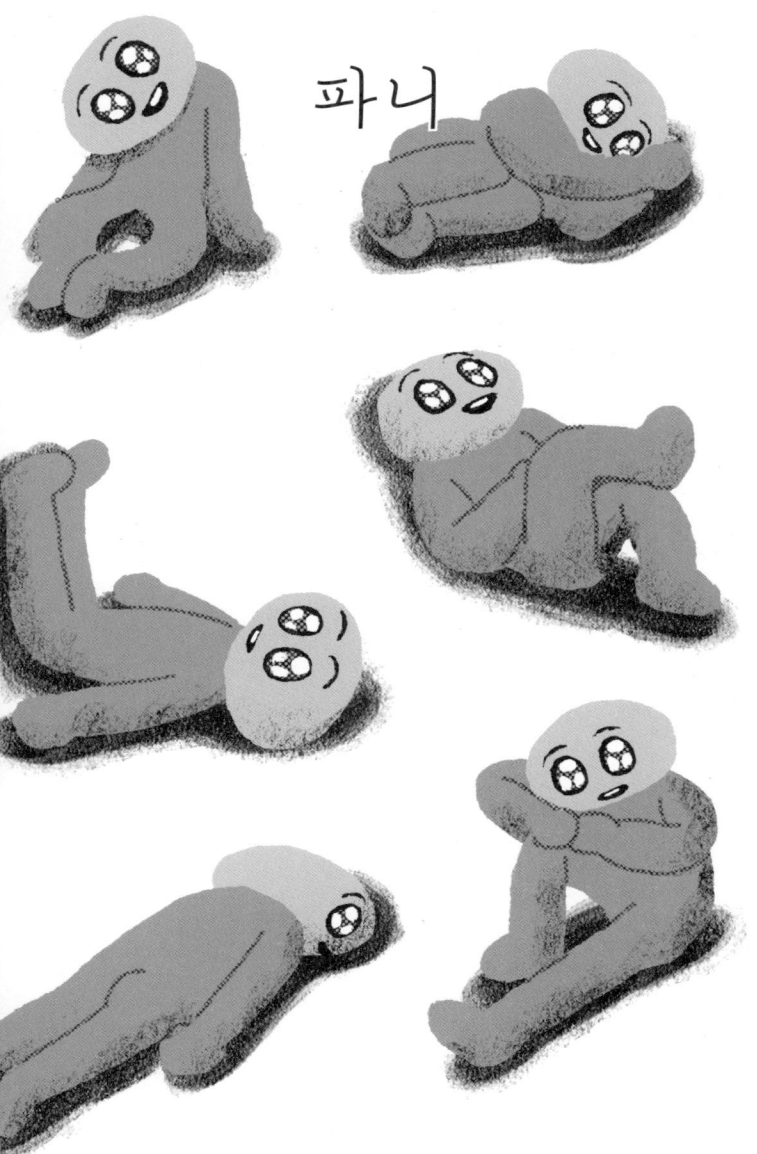

파니

[파:니]

아무 하는 일 없이 노는 모양.

품사
부사

집에서 만나는 최고의 행복! 침대나 바닥을 뒹굴뒹굴 종횡무진하는 시간! 하지만 이렇게 파니 있다 보면 게으르다는 오해를 받곤 해요. 하지만 반짝이는 저 눈들을 보세요. 지표면과 깊게 교감하며 부족한 에너지를 충전하고 있는 눈빛이 보이지 않나요? 그냥 빈둥거리는 게 아니랍니다. 본격적인 움직임 전에 꼭 필요한 의식을 하는 중이니 존중해 주세요!

활용 예문: 파니하게 있는 우리 집 강아지를 볼 때면
　　　　　내가 열심히 돈을 벌어야겠다는 생각이 들어.

풀치다

풀치다

[풀치다]

맺혔던 생각을 돌려 너그럽게 용서하다.

품사
동사

어린 시절, 누군가를 상처 입힌 적이 있나요?
부끄럽지만 전 철없던 어린 시절, 나무에 잘
붙어 있던 매미를 떨어트리고, 잠자리 날개를
잡다가 상처를 입히고, 개미집을 망가트리는
등 작은 생명들에게 상처를 주었답니다.
요즘도 종종 제가 괴롭혔던 작은 생명을 만날
때면, 진심으로 용서를 구하고 싶다는 생각을
해요. 부디 제 어린 날의 행동을 풀쳐 주길
바라면서요. 미안해요! 사과를 받아 줘요!

활용 예문: 내가 마음을 풀쳐 먹었다고 해서 서운했던 감정이
바로 사라지는 건 아니야.

험험하다

헙헙하다

[허퍼파다]

1 활발하고 융통성 있으며 대범하다.

2 규모는 없으나 인색하지 아니하여 잘 쓰는 버릇이 있다.

품사
형용사

학교에서 반장 선거에 나가면 항상 몰표를
받는 친구가 있었어요. 작은 체구에 야무진
눈매를 가진 그 친구의 당선 비결은 바로
헙헙한 성격! 성향이 다른 친구와도 잘 지내고
가끔은 친구들의 대변인이 되어 선생님께
건의 사항도 전달하는 대범한 친구였답니다.
반장 선거 후보 포스터에서도 경쟁 후보인
친구들과 어깨동무도 할 정도니, 헙헙한 성격
하나는 확실하죠?

활용 예문: 저 아르바이트생은 헙헙해서 나중에 큰 가게를
맡아도 잘 운영할 것 같아.

희붐하다

희붐하다

[히붐하다]

날이 새려고 빛이 희미하게 돌아
약간 밝은 듯하다.

비슷한말
붐하다

품사
형용사

타로 카드의 죽음 카드는 마지막을 뜻하기도 하지만, 새로운 시작을 의미한다고도 해요. 저 멀리 산 너머가 희붐하기 때문이죠. 고요한 어둠 사이로 새날이 떠오르는 희붐한 순간은 마치 모든 게 끝난 것 같은 절망 속에서 서서히 퍼져 나가는 희망처럼 느껴집니다. 해는 항상 희붐하게 한참 동안 하늘을 붉게 물들인 후에서야 등장하더라고요. 혹시 어둠 속에 있다면, 희붐한 시간을 잘 지나길 바랍니다. 그 시간이 지나면 곧 쳐다볼 수도 없을 만큼 강력한 해가 당신 앞에 나타날 거예요.

활용 예문: 산더미 같은 공부를 정신없이 하다 보니 어느새 창밖이 희붐하다.

찾아보기

ㄱ

가랑머리	12
가멸다	16
간지피다	20
깖하다	24
꽃등	28

ㄴ

나들잇벌	32
나볏하다	36
낯살	40
너울가지	44

ㄷ

다붓다붓	48

두루빛	52
둥치	56
드습다	60
뚝별씨	64
띠앗	68

ㅁ

머드러기	72

ㅂ

벗트다	78
볕뉘	82

ㅅ

새물내	86
속곳	90

송아리	94
숨탄것	98
스스럽다	102
시울	106

○

애채	110
올되다	114
옴살	118
옹긋옹긋	122
웃비	126
으깍	130
으밀아밀	134
은짬	138

잉아	5

ㅈ

잗젊다	144
짜긋하다	148

ㅊ

치사랑	152

ㅋ

클클하다	156

ㅌ

터앝	160

ㅍ

파니	164
폴치다	168

ㅎ

협협하다　　　　172

희붐하다　　　　176

잉아의 순우리말 그림 사전

1판 2쇄 찍음　2025년 6월 1일
1판 2쇄 펴냄　2025년 6월 20일

지은이　　　이인아
디자인　　　장원호, 홍앤장예술사무소
교정교열　　김영근
제작　　　　357제작소
가격　　　　20,500원
펴낸이　　　윤여준
펴낸곳　　　쥬쥬베북스
　　　　　　등록 2022-000223호(2022년 2월 17일)
주소　　　　서울 마포구 신촌로2길 19 320호
전자우편　　studiojujube.seoul@gmail.com

ISBN　　　　979-11-93344-08-8(02710)

인쇄, 제작, 유통 과정에서의 파본 도서는 구입처에서 교환해 드립니다.

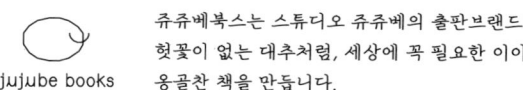

쥬쥬베북스는 스튜디오 쥬쥬베의 출판브랜드입니다.
헛꽃이 없는 대추처럼, 세상에 꼭 필요한 이야기를 담아
옹골찬 책을 만듭니다.